万物大調和

雅宣書

大調和の神示

汝ら天地一切のものと和解せよ。天地一切のものとの和解が成立するとき、天地一切のものは汝の味方である。天地一切のものが汝の味方となるとき、天地の万物何物も汝を害することは出来ぬ。汝が何物かに傷つけられたり黴菌や悪霊に冒されたりするのは汝が天地一切のものと和解していない証拠であるから省みて和解せよ。われ嘗て神の祭壇の前に供物を献ぐるとき、先ず汝の兄弟と和せよと教えたのはこの意味である。汝らの兄弟のうち最も大なる者は汝らの父母である。神に感謝しても父母に感謝し得ない者は神の心にかなわぬ。天地万物と和解せよとは、天地万物に感謝せよとの意味である。本当の和解は互いに怺え合ったり、我慢し合ったりするのでは得られぬ。怺えたり我慢しているのでは心の奥底で和解していぬ。感謝し合ったとき本当の和解が成立する。神に感謝しても天地万物に感謝せぬものは天地万物と和解が成立せぬ。天地万物との和解が成立せねば、神は助けとうても、争いの念波は神の救いの念波を能う受けぬ。皇恩に感謝せよ。汝の父母に感謝せよ。汝の夫又は妻に感謝せよ。汝の子に感謝せよ。汝の召使に感謝せよ。一切の人々に感謝せよ。天地の万物に感謝せよ。その感謝の念の中にこそ汝はわが姿を見、わが救を受けるであろう。われは全ての総てであるからすべてと和解したものの中にのみわれはいる。われは此処に見よ、彼処に見よと云うが如くにはいないのである。だからわれは霊媒には憑らぬ。神を霊媒に招んでみて神が来ると思ってはならぬ。われを招ばんとすれば天地すべてのものと和解してわれを招べ。われは愛であるから、汝が天地すべてのものと和解したとき其処にわれは顕れる。

（昭和六年九月二十七日夜神示）

万物調和六章経

天地一切と和解する祈り

われ今、
ここに、神の子として新生し、
神に感謝し奉る。
神は

普遍的存在にましますのである。
一切を包容し、
一切のものの周囲に、
また一切のものの内にましまして、
一切のものを
渾然と一つに融和していたまうのである。

それゆえに、
私もまた、
神の子として、
その渾然たる一つの融和体の中に存在するのである。
それゆえに私は、

天地一切のものと融和し、
天地一切のものと調和の関係にあり、
わが働きは、
他の天地一切のものを生かす働きとなり、
また天地一切のものの動きは、
また我れを生かす動きとなるのである。

すべての人と事と物とは、
今ここに渾然と調和しており、
たがいに争い立つということはないのである。
現象の世界に、
如何なる対立の関係があろうとも、
如何なる闘争の関係があろうとも、

それは妄想(もうそう)の顕(あら)わすところであり、
妄想(もうそう)は
やがて消(き)えるべき運命(うんめい)にあるのであるから、
私(わたし)はそれを恐(おそ)れることもないし、
それに愕(おどろ)くこともないのである。
妖雲冪々(よううんべきべき)と空(そら)を覆(おお)うことがあっても、

その上には
常に蒼空があるのと同じように、
如何に暗澹たる状態が現象的にあらわれてこよう
とも、
その状態に対して
心を動ずることはないのである。

心を動ずることがないから、
何らの対策をも講じないのかというと、
決してそうではないのである。
心を動ずることがないから、
最も適切なる智慧が
泉の如く涌き出でて

暗を消してしまう処置ができるのである。
光の進軍に対しては
暗は逆らうことも、
抵抗することもできないのである。
事に応じてわが為すところの行為は、
神の子として

大神の智慧の炬火をとぼして進軍するのであるから、

誰もそれを遮ることはできないのである。

神は

「暗に対しては光を以って相対せよ」

と仰せられているのである。

光は進む、
暗は消える。
神はわれらに
「常に心を明るくもて」
と仰せられているのである。
一時といえども

私は心を曇らすことをしないのである。
神は勇気の本源であり、
神の子たる私は、
勇気そのものである。
神の智慧われに来りて、
迅速果敢に

適当なる決意と断行をなさしめ給うのである。
ああ、感謝すべきかな、
天地万物は、
ことごとく神の子として兄弟姉妹であり、
われを常に祝福し、
われを常に援助し、

わが希望を必ず成就せしめ給うのである。

天下無敵となる祈り

宇宙全体が神の自己実現であるのである。
それ故に、
宇宙全体に
神の生命と愛と智慧とが行き亙っているのである。

それゆえ
宇宙にある一切の存在には
すべて神の生命と愛と智慧とが宿っており、
その不思議なる力が
脈々として
一切のものの内に搏動しているのである。

われわれ自身の内にも神の生命が宿っており、
神の愛と智慧とが
常にわが内に脈動しているのである。
わが内に宿る神の生命と、
一切の他者にやどる神の生命とは、
全く同じき神の生命であるのである。

わが内に宿る神の愛と、
一切の他者にやどる神の愛とは、
全く同じき神の愛であるのである。
わが内に宿る神の智慧と、
一切の他者にやどる神の智慧とは
全く同じき神の智慧であるのである。

されば仮りに
〝一切の他者〟
という語をもってしたけれども、
決して実相において
「他者」なるものは存在しないのである。
他者は何一つ存在しないのであって、

すべてのものは
自分の生命の兄弟姉妹であり
自分の生命の分れであり、
自分と一体なのである。
それを称して〝自他一体〟と称するのである。
私は今

この自他一体の真理を自覚するがゆえに、
天下にひとりの敵も存在しないことを知るのである。

それゆえに私は
天下無敵であるのである。

神においてすべての存在と一体であることを

私は自覚するが故に、
私は
すべての人を愛さずにはいられないのである。
愛は愛を招ぶ。
されば私は
すべての人々から愛されるのである。

私は寂しさを知らないのである。
すべての人々の生命が
わが生命と一体であるだけではなく、
すべての動物・植物の生命とも
私は一体であるから、
すべての動物・植物に対しても

私は愛を感ずるのである。
それゆえに
いかなる動物からも害されることはないのである。
すべての昆虫、
その他、
這う虫、

飛ぶ虫のわざわいをも受けることなく、
わが果樹園にも茶園にも田畑にも
害虫の被害などはないのである。
いかなる細菌も真菌もヴィールスも、
すべて〝生〟あるものは、
神のいのちを宿してこの世に出現せるものである

から
〝神の子〟である私を
害することは決してないのである。
宇宙の一切の生命は、
唯ひとつの神の生命に生かされ、
唯ひとつの神の智慧に支配され、

導かれているが故に、
生き物たがいに相冒し合いて
病いを起すなどということはあり得ないのである。
もし細菌、
真菌、
ヴィールス等にて病いを起すことがあるならば、

それは自分の心に何か不調和が存在し、
天地一切のものと和解していない事があるのが
影をあらわしているに過ぎないのであって、
決して如何なる生物も、
実相においては
自分を害するものはないのである。

それ故、
私は常に如何なる微生物をも恐れることなく、
常に自己の心を反省して
天地一切のものと和解するのである。
神とその実現であるところの
天地一切のものを礼拝し奉る。

有情非情悉く兄弟姉妹と悟る祈り

神は天地万物の創造本源であり給う。神は天地万物の生命として、天地一切のものの内に遍満して、その存在を支えて居給うのである。

私たちが花を見て、
花の美しさを感ずることができるのは、
私たちの生命と
花の生命とが本来ひとつであるからである。
私たちが空の星を見て、
それを理解し天地の悠久を感ずるのも、

星の生命と
私たちの生命とが本来一体であるからである。
或いはまた空の鳥を見て、
その可憐さを感じ、
その声の美しさに聴き惚れるのも、
空の鳥の生命と

私たちの生命とが本来一つであるからである。

大地に生ういろいろの植物の果実が

人間の食物となって私たちを生かしてくれるのは、

植物の生命に〝神の生命〟が宿っており、

私たちの生命と本来一体であるからである。

そのように、

すべての生きとし生けるもの、
在りとしあらゆる物ことごとくに
〝神の生命〟が宿っており、
そのすべてが
私たちの生命と一体であるから、
天地一切のものは、

私たちの心の響きに感応して、
或る結果をもたらすのである。
それゆえに、
物質と見えているものでも、
私たちがそれに感謝し、
それに宿る神の生命を直視して祝福するならば、

その祝福に感応するのである。
果樹に感謝し、
果樹を祝福するならば、
豊かにして美味しい果実がみのるのである。
天候のごとき自然現象も、
人の心に対して

鋭敏な反応を示すものである。
常にそれに対して感謝している人たちには、
常に天候和順にして、
その人に害を蒙らせることがなくなるのである。
「私が旅立つ時には必ず天気はよくなる」
と言う人は、

常に天候に対して感謝している人である。
この世界は〝神の世界〟であり、
この宇宙は〝神の宇宙〟であり、
御空は〝神の御空〟であり、
大地は〝神の大地〟である。
天上天下、

神の遍在し給わないところとては無いのである。
それゆえに、
神を拝し、
神を讃え、
神に感謝し、
みこころを自己の生活に実践する者には、

如何なる災害も
自己に降りかかってくることはないのである。
神は人間を万物の霊長として、
天地一切のものを
霊的に支配する権能を与え給うたのである。
それゆえに、

如何なる物も、
人間が義しき心をもって生活し、
他を害する心を起さない限り、
自分が害されるということはあり得ないのである。
すでに「実相の世界」においては、
すべての物が、

宇宙の本源たる〝唯一の神〟に
中心帰一し、
一切の生物、
たがいに兄弟姉妹として相和し
相睦び、
すべてのもの

その処を得て
大調和の相であるのである。
神よ、
この地上の現象世界においても、
実相世界の中心帰一大調和の世界が実現して
人類すべてが兄弟姉妹の自覚に入り、

永遠に
地上に天国が実現いたしますように
護り且つ導き給え。
ありがとうございます。

「すべては一体」と実感する祈り

神はすべての存在の創り主にてあり給う。
我は神の子として、
神の創り給いしすべての存在の懐の中に抱かれて
いるのである。

だから我は、
すべての真実存在と一体であり、
すべての真実存在は我と一体にして、
我を包み、
庇護し、
安らぎを与えてくれるのである。

真実存在は神の表れであるから、
相互に不和はなく、
不調和はなく、
戦いや争いはないのである。
我とすべての真実存在も、
だから大調和の中で

神の愛に包まれているのである。
鳥たちのさえずりは、
神の無限生命の表れである。
遠く近く、
長く短く、
華やかに

時に静かに、
多様に、
絶妙な調和の中に、
鳥たちが呼び交わす数々の声は、
そのまま天上の交響曲である。
森林を風がわたる低い和音、

虫の声、
小川の流れ、
蛙の合唱、
キツツキの槌の音。
どれ一つとして
互いに調和しない音はない。

驟雨の音、
雷の轟音、
木の裂ける音でさえ、
神の無限生命力の表現である。
神の無限の美が、
すべての存在に満ち溢れているのである。

だから神の子・人間は、
すべての真実存在に美しさを感じ、
喜びを見出すのである。
空の青と雲の白は、
神の無限の美の表れである。
輝く新緑と黒い木々の枝、

若葉と森の深緑の
コントラストを見よ。
花々の鮮やかな色、
微妙な色の移ろい、
葉の緑の中で
それらが生み出す対照の妙を見よ。

その対照を感じて、
虫たちが花を訪れ、
神の愛の使者として
植物を受粉させ、
新たな生命の進展を用意する。
植物が実をつければ、

その色の信号を合図に
鳥たちが訪れ、
豊穣の香りと
味と滋養を得て、
神の知恵に導かれつつ
植物の種を遠方に伝播する。

植物は虫や鳥に
愛を与え、
虫や鳥は
植物の命の発展に協力するのである。
そこに神の生命があり、
愛があり、

知恵が表れているのである。
我らは神の子であるから、
それら自然の営みの中に
神の無限の知恵、
無限の愛、
無限の生命力を如実に感じるのである。

神の無限の生かす力を
すべての真実存在の中に感じるのである。
感じるとは
共鳴することである。
我がうちに神の無限の生かす力がすでにあるから、
自然界に現れる神の力に

共鳴することができるのである。
だから我は神と一体であり、
すべての真実存在と一体である。
我は神に生かされており、
すべての真実存在に生かされている。
それは、

物質的栄養を得ているのではない。
物質は、
真実存在の仮の相である。
物質は、
真実存在が
人間の頭脳によって翻訳された姿にすぎない。

物質はエネルギーであることを知れ。
エネルギーに色はなく、
音はなく、
肌触りはなく、
匂いはない。

しかし、

人間の感覚と頭脳を通過するとき、
エネルギーは色がつき、
音を出し、
匂いを発し、
肌触りのある
〝物質〟のような外貌を呈するのである。

だから、
我らの周囲には、
神の無限エネルギーが満ち溢れているのである。
周囲だけでなく、
我が肉体も
神の無限エネルギーの一個の表現である。

神の無限の知恵と
愛と
命の表現として、
我は自分の肉体を表現しているのである。
我は神の子であるから、
一個の肉体の中に

縮こまって存在しているのではない。
木々の緑、
鳥の声、
川の流れ、
大洋の大波、
空の青、

星雲の渦巻きに美を感じる我は、
その微妙かつ壮大な美を
我がうちに包蔵するのである。
それら自然の営みの中に
不可思議の知恵を感じる我は、
その知恵と同じ無限の知恵を

我がうちに包蔵するのである。
自然の営みの背後に
生かし合いの愛を感じる我は、
神の無限の愛を
我がうちに包蔵するのである。
我は神と一体なり。

我は宇宙と一体なり。
すべては神と一体なり。
すべては我と一体なり。
我、
真実存在の知恵と愛と生命を与え給いし神に、
無限感謝の意を表現し奉る。

ありがとうございます。

神の愛に感謝する祈り

神さま、
私は神の子であります。
私はあなたの愛を一身に受けて
生きています。

私の魂はあなたの愛に包まれて、
平安であり、
生き甲斐に溢れ、
歓喜に満ちています。
あなたの愛はこの空気であり、
水であり、

体内に燃える命の炎であり、
この肉体となって結実しています。
私の肉体は物質ではなく、
あなたの愛の表現であります。
その肉体が、
私の意識によらずとも呼吸し、

心臓を動かし、
血液を通して
栄養を体内の隅々まで送り、
消化し、
異物を取り除き、
休息し、

新しい細胞を生み出し、
古い細胞を掃除し、
老廃物を体外へ出してくれます。

この精緻・複雑、
微妙にして調和がとれ、
かつ安定した働きこそ、

あなたの無限の愛の表れであります。
私はただ、
その愛の結晶であるわが肉体を受け入れ、
それに乗って
神の愛を生きるのであります。
あなたの御心を行じるのであります。

神さま、
あなたは私に肉体をくださっただけでなく、
肉体の外に広がる
無限の宇宙の創造主です。
宇宙は茫漠たる無の空間ではなく、
神さまの愛が充ち満ちています。

青い空、
白い雲、
深い海、
緑の風、
紺碧の湖、
雪を頂いた青い山脈、

潺湲と流れる川、
森、
草原、
黒い土、
赤い土、
黄色い土、

虫と鳥、
魚と獣たち……
すべてがそれぞれの場を与えられ、
互いに与え合い、
切磋琢磨しつつ、
神さまの愛を表現しています。

神さまの知恵を表しています。
神さまの命を顕現しています。
私はその神さまの懐に包まれ、
生かされ、
喜びに満たされています。
この生命の星・地球は、

太陽のエネルギーで支えられています。
すべてを燃やし尽くすほどの莫大なエネルギーが、
地球上で
すべての生命を支えています。
無数の生物たちがつくる生命の網が、
力を愛に変えています。

それが神さまの知恵の働きです。
神さまの知恵と愛と命が交わるところ、
それがこの地球です。

神さま、
私は今
あなたの実在を如実に感じます――

地球の生命を感じ、
太陽の愛を観じ、
宇宙の生かす力を感じます。
私の肉体は物質ではなく、
あなたの愛です。
あなたの知恵です。

あなたの命です。
私を取り巻くすべての人々は皆、
私と同じ神の子ですから、
神さまの愛です。
知恵です。
命です。

私の周囲のすべての生き物は、
神さまの愛と知恵と命の顕現です。
私の生きる環境は、
地球は、
宇宙は、
すべて神の命の表現であります。

それを知り、
意識し、
理解し、
愛することができるから、
人間は「神の子」と言われるのです。
神さま、

私は今、
人間誕生の意義の荘厳さを感じます。
意識し、
知恵をもち、
広大な愛の心をもった生命こそ、
私たち人間です。

人間こそ、
あなたを意識し、
あなたを知恵で理解し、
あなたを愛することができる存在です。
すべての存在に
神性・仏性を感じることのできる私たちは、

幸せです。
神の子・人間として生かされている私は、
幸せです。
神さまの御心を生きるのが、
神の子・人間の使命です。
知恵と愛と命あふれる生活を送ることが、

私の使命であり、
生き甲斐です。
人生は、
神の子の表現の舞台です。
この舞台があるからこそ、
私は自己内在の神性・仏性を表現し、

すべての人々とともに、
すべての生物とともに、
喜びを分かち合うことができます。
その聖なる場を与え給いし神さまの無限の愛に
深く、厚く、感謝いたします。
ありがとうございます。

神の無限生命をわが内に観ずる祈り

神さま、
私はあなたの生命に生かされている神の子です。
私の内部には今、
あなたの命の泉が

滾々と湧き出しています。

それは、

呼吸を通じて脳を活性化し、

心臓を拍動させて

全身に酸素を送り込んでいるだけでなく、

肉体の臓器や

諸器官の機能の背後で、
すべてを調和させ、
同期させ、
循環させながら
刻一刻、
新たな細胞を生み出している力です。

私が何を命じなくても、
精緻複雑なこの体が正常に機能しているのは、
神さまの無限の生命力のおかげです。
私が普段、
その神秘に気づかず、
体の諸器官や

臓器や
組織が正しく働くことを
「当たり前」と考えていたことを
反省します。
神さまの命がここにあり、
神さまの知恵がここに働き、

神さまの愛によって
今護られていることを
私は感じます。
神さまは私だけでなく、
他の七十億を超える人々の命も、
さらに圧倒的な数の

動植物や菌類の生命も、
その同じ知恵と愛と力によって
生かされています。
神さまのこの御心を思うとき、
私はすべての人々と
生物と

環境全体が、
神さまの無限の命によって深く結ばれ、
輝いていることを感じます。
神さま、
すべての人々は、
あなたの生命に生かされている神の子です。

すべての人々は、
私と同じく、
神さまに愛され、
神さまの知恵と愛と命を共有し、
それを表現する
大いなる使命をもって生まれています。

だから私は、
すべての人々に愛を感じ、
すべての人々の知恵から学び、
すべての人々と生かし合いの生活をすることに
喜びを感じます。

すべての人々と調和した関係にあるとき、

神さまの知恵と命が迸り出て、
地上天国実現に向って
大きく前進します。
人間は神の子として、
かくも偉大な力を
神さまからいただいていますが、

神さまの命は
人間だけのものではありません。
植物も動物も、
神さまの命の表現として、
知恵の表現として、
愛の表現として

重要な役割があることを私は思います。
神さま、
私は花々の愛らしさ、
木々の美しさを
心に強く感じます。
体の外にあるこれらの植物を、

内部に強く、
美しく感じることができるのは、
私の命と植物の命が
本来一体である証拠です。

花の色、
繊細な形、

色と形の組み合わせに、
私が無限に多様な美を感じることができるのは、
植物の発するメッセージを
私の命が
喜んで受け止めている証拠です。
聳え立つ大樹の幹の美しさ、

微妙な葉の形、
豪華な紅葉に感動するのは、
私と植物とが
決して〝別物〟でなく、
神さまの命において
一つである印です。

私と植物が調和した関係にあるとき、
神さまの命がそこに現れるのです。
私が、
花や葉や木の実に
無限に多様な美を感じるとき、
神さまの無限生命を

わが内に感じているのです。
神さまはすべてのすべてですから、
神さまの〝外〟にあるものはありません。
神さまの内にあって、
私は植物を愛で、
植物に生かされ、

植物に与えるとともに、
植物は神さまの命を私に与えてくれます。
人間と植物の生かし合いのメッセージを、
私の内部に送ってくれます。
神さま、
私は鳥や動物の愛らしさ、

俊敏さ、
美しさを心に強く感じます。
彼らとともに地上に生きることに
荘厳な意義を感じます。
彼らはそれぞれ
人間のおよばない美点を備え、

私に
神さまの無限の命と知恵が
そこにあることを教えてくれます。
人間の発明した技術の多くは——
鳥の飛翔、
蓑虫の衣、

コウモリの超音波、
虫の音、
魚の遊泳など、
彼らの美点から学んだものです。
それは結局、
神さまの知恵と命から学んだことです。

私は彼らを通して、
神さまの知恵と命を学び、
今、
人間の技術として実現した航空機、
冷暖房、
音波探知機、

楽器、
船舶などを使うとき、
神さまの命をわがうちに強く感じます。
彼らのムダのない形態や機能、
色の変化や組み合わせ、
匂いの役割、

そして習性や仕草、
表情に、
神さまの命の無限の展開を感じるとともに、
それに感動する私の中に、
神さまの命が溢れていることに気づきます。
動物と人間とが

同じ神さまの知恵で結ばれていることを心に思い、
感謝を捧げます。
命あるもののみが命を感じ、
知恵あるもののみが知恵を感じ、
愛あるもののみが愛を感じるのです。
私がすべての存在の中に

神さまの命を感じることができるのは、
私の中に
神さまの命が溢れているからです。
私は今、
そのことを如実に知り、
私が神の子であることを

深い感動をもって観ずるとともに、
すべての人々が、
すべての生物が
私の命と一体であるだけでなく、
神さまの命が
私と彼らを一つに結んでいるという

生命(せいめい)の荘厳(そうごん)な実相(じっそう)を悟(さと)ります。
わが内(うち)に神(かみ)さまの無限(むげん)の命(いのち)の奔流(ほんりゅう)を観(かん)じ、
万物(ばんぶつ)の創造主(つくりぬし)たる神(かみ)さまに深(ふか)く、
満腔(まんこう)の感謝(かんしゃ)を捧(ささ)げます。
ありがとうございます。

（誦経終(しょうけいおわり)）

願わくはこの誦経の功徳により、
産霊の働き益々けざやかに顕現し
自然と人間の大調和した世界の実現せんことを。

かみをたたえて

谷口清超・作詞

(一)
いのちある　すべてのものは
うつくしく　きよくただしく
えいえんに　いきんとおもい
おたがいに　たすけあいつつ
あたえあう　ちえとあいとに
つつまれて　かみのみくには
やすらかにあり
まことなるかな　ありがたきかな

(二)
いのちなる　あたらいのちを
ことさらに　きずつけあいて
うばいあい　いつわりをいう
ひともあり　ちえとあいとを
みうしなう　このよのすがた
いかにしも　かみのみくにに
ありえざるなり
かみのつくりし　ことにしあらず

（三）

かみしらず　かみつくらざる
げんしょうは　すべてむなしき
かりのもの　いつしかきゆる
さだめなり　かみつくりたる
ちえとあい　いのちよろこび
しんじつの　よきもののみの
みちあふるるは
じつざいにして　ありとおすなり

万物調和六章経

平成27(2015)年6月25日　初版第1刷発行
令和5(2023)年11月25日　初版第7刷発行

編・著者　谷口雅宣
著　者　谷口雅春
発行者　雪島達史
発行所　宗教法人「生長の家」
山梨県北杜市大泉町西井出八二四〇番地二一〇三
電　話（〇五五一）四五―七七七七
発売元　株式会社　日本教文社
東京都港区赤坂九丁目六番四四号
頒布所　一般財団法人　世界聖典普及協会
東京都港区赤坂九丁目六番三三号

定価 本体818円 ＋税

本文用紙は「やまなし森の印刷紙」を使用
印刷　創美
ISBN978-4-531-05913-3